Blechkuchen

AUTORIN: ANNE-KATRIN WEBER | FOTOS: WOLFGANG SCHARDT

Praxistipps

Extra

Rezepte

Blechkuchen leicht gemacht

Nützliche Backhelfer

Es gibt Backbleche aus Schwarz- oder Weißblech, mit Antihaftbeschichtung, aus Stahl, Emaille oder Aluminium. Dunkle Schwarzbleche oder Emailbleche leiten die Backofenhitze besser als helle Bleche aus Weißblech oder Aluminium. Wenn Sie neue Bleche kaufen möchten, wählen Sie antihaftbeschichtete Bleche. Neben den guten Backeigenschaften lassen sie sich auch leicht reinigen. Zur Grundausrüstung gehören ein flaches sowie ein zweites tiefes Blech. Darin backen flüssige Teige oder Kuchen, die aufgehen, problemlos.

Damit Sie den Kuchen nach dem Backen mühelos vom Blech lösen können, das Backblech mit weicher Butter oder Margarine einfetten. Bei klebrigen Teigen das Blech zusätzlich mit Mehl oder Semmelbrösel (Paniermehl) ausstreuen. Ein Backpinsel aus Silikon erleichtert das Einfetten.

Eine gute Alternative ist Backpapier. Das gibt es in Braun oder Weiß und ist beschichtet, sodass sich klebrige Teige nach dem Backen gut ablösen lassen. Und: Ein Bogen Backpapier obenauf schützt den Kuchen vor zu starker Bräunung. Ebenfalls im Handel erhältlich sind antihaftbeschichtete Dauerbackfolien. Sie lassen sich gut reinigen.

Verstellbare Backrahmen aus Edelstahl gibt es im gut sortierten Kaufhaus. Er ist dann sehr praktisch, wenn Blechkuchen mit einer Creme bestrichen werden – er sorgt dafür, dass nichts über den Teig hinausläuft! Wer keinen Backrahmen hat, kann Alufolie doppelt falten und damit die Seiten begrenzen.

Große und kleine Stücke

Aufgrund der rechteckigen Form können Sie Blechkuchen einfach portionieren – gefüllte und gehaltvolle Kuchen eher in kleine, ungefüllte sowie flache Kuchen in größere Stücke teilen. Mit Creme gefüllte Kuchen lassen sich leichter mit einem Elektromesser schneiden. Alle anderen Kuchen, auch die mit Glasur, am besten mit einem feinen Sägemesser schneiden.

Kuchenvorrat

Viele Blechkuchen lassen sich sehr gut einfrieren. Dazu die Kuchenstücke zwischen Pergamentpapier legen und in Gefrierbeutel geben. Bei Bedarf kann man beliebige Mengen stückweise auftauen lassen. Wer vergessen hat, die Stücke rechtzeitig aus dem Tiefkühlfach zu nehmen, taut sie einfach im Backofen bei 50° auf – noch warm schmecken sie wie frisch gebacken! Blechkuchen mit Creme oder Sahnefüllung besser direkt verzehren.

Back-Basics

Mehl

Zucker und Honig

Butter, Margarine, Öl

Mehl Am häufigsten wird zum Kuchenbacken Weizenmehl mit der Typenbezeichnung 405 verwendet. Die Mehltype kennzeichnet den Ausmahlungsgrad einer Mehlsorte. Helles Weizenmehl (Type 405 und 550) können Sie durch feines Dinkelmehl (Type 630) ersetzen. Wer lieber mit Vollkornmehl bäckt, nimmt fein gemahlenes Weizen- oder Dinkelvollkornmehl. Weil Vollkornmehl stärker quillt, zusätzlich 2–3 EL Flüssigkeit an den Teig geben.

Zucker & Co. Zucker gibt dem Teig Struktur und Bräune, macht das Gebäck süß und haltbarer. Je feiner die Zuckerkristalle, desto schneller verbinden sie sich mit anderen Teigzutaten. In den Rezepten wird weißer feiner Zucker verwendet. Für zarte Cremes eignet sich gut der feinere Puderzucker. Brauner Zucker (Rohrzucker oder Rohrohrzucker) sorgt für ein angenehm karamellartiges Aroma. Honig ist für Hefe- und Rührteige sowie für Füllungen mit Mohn oder Nüssen ideal.

Butter, Margarine und Öl Butter verleiht Kuchen einen besonders feinen und nussigen Geschmack. Man kann Butter aber jederzeit durch Margarine ersetzen. Achten Sie beim Kauf auf Sorten, die ohne Fetthärtung hergestellt sind und viele mehrfach ungesättigte Fettsäuren enthalten. Damit sich beim Rührteig Butter oder Margarine mit den Eiern optimal verbindet, sollten Fett und Eier zimmerwarm sein. Neutral schmeckendes Öl wie Sonnenblumen- oder Rapsöl schmeckt gut in lockeren Rührteigen, Olivenöl dagegen mit seinem kräftigen Eigengeschmack verleiht dem Kuchen ein Mittelmeeraroma.

Hefe und Backpulver Frische Hefe gibt es im Kühl- und Trockenhefe im Backregal. Trockenhefe ist viele Monate haltbar und deshalb ideal für den Vorrat. 1 Päckchen entspricht etwa 25 g frischer Hefe. Die Trockenhefe können Sie mit allen Zutaten ohne Vorteig mischen. Teige mit Trockenhefe schmecken weniger nach Hefe und werden nicht ganz so locker wie Teige mit frischer Hefe. Backpulver lockert Rührteige und ist mehrere Monate haltbar. Die kleinen Päckchen enthalten ca. 4 TL Backpulver. Die Menge reicht für etwa 500 g Mehl.

Rührteig

Schön locker wird der Rührteig durch langes Rühren – bei diesem Teig kommen entweder das Handrührgerät oder die Küchenmaschine zum Einsatz!

Für 1 Backblech (20 Stücke)

300 g weiche Butter
300 g Zucker | 1 Prise Salz
5 zimmerwarme Eier (Größe M)
300 g Mehl (Type 405) | 3 TL Backpulver
Butter für das Backblech

1 Den Ofen auf 200° vorheizen. Ein Backblech einfetten. Butter, Zucker und Salz mit den Quirlen des Handrührgeräts (oder in der Küchenmaschine) in ca. 5 Min. cremig schlagen (Bild 1).

2 Jeweils ein Ei nach dem anderen ca. 1 Min. unter die Buttermasse rühren (Bild 2). Mehl und Backpulver mischen und nur kurz unterrühren (Bild 3).

3 Den Teig auf das Blech geben und mit dem Teigschaber gleichmäßig verstreichen. Im Ofen (Mitte, Umluft 180°) in 25–30 Min. goldbraun backen. Oder je nach Rezept verarbeiten und backen.

GUT ZU WISSEN

1 Damit der Teig nicht gerinnt, müssen die Zutaten Zimmertemperatur annehmen. Deshalb Butter und Eier rechtzeitig aus dem Kühlschrank nehmen. Wenn Sie mal nicht daran gedacht haben, die Butter würfeln und in einer Schüssel in den auf 50° vorgeheizten Ofen stellen. Die Eier können Sie gut in einer Schüssel mit warmem Wasser »anwärmen«.

2 Gerinnt der Teig trotzdem, die Rührschüssel mit der geronnenen Masse in ein warmes Wasserbad stellen, bis die Butter etwas schmilzt. Die Masse mit einem Schneebesen rühren, bis sie wieder glatt ist.

3 Trockene Zutaten wie Mehl, Backpulver, Nüsse, Mandeln, Kakaopulver und Gewürze zuerst mischen, damit sich die Zutaten gleichmäßig verteilen. Dann die Mischung nur kurz unter die Buttermasse rühren. Rührt man hier zu lange, wird der Teig zäh und klebrig.

Hefeteig

So einfach lässt sich Hefeteig zubereiten! Wenn Sie die folgenden Schritte einhalten, kann wirklich nichts mehr schiefgehen.

1

2

3

Für 1 Backblech (20 Stücke)

500 g Mehl (Type 405 oder 550)
250 ml Milch | 1 Würfel Hefe (42 g)
75 g Zucker
75 g weiche Butter
1 Ei (Größe M) | 1 kräftige Prise Salz
Mehl zum Arbeiten
Butter für das Backblech

1 Für den Teig das Mehl in eine Schüssel geben, in die Mitte eine Mulde drücken. Die Milch lauwarm erwärmen. Die Hefe in die Mulde bröckeln (Bild 1), mit 6 EL lauwarmer Milch, 1 TL Zucker und etwas Mehl vom Rand verrühren.

2 Den Vorteig abdecken und an einem warmen Ort ca. 15 Min. gehen lassen (z. B. im auf 50° aufgeheizten und wieder ausgeschalteten Backofen oder in einem warmen Raum). Der gegangene Vorteig sollte viele kleine Luftblasen haben (Bild 2).

3 Restliche lauwarme Milch, übrigen Zucker, Butter in Flöckchen, Ei und Salz zum Vorteig geben und zuerst mit den Knethaken des Handrührgeräts, dann mit den Händen zu einem glatten Teig verkneten. Abgedeckt an einem warmen Ort in 30–45 Min. bis zur doppelten Größe gehen lassen (Bild 3).

4 Den Backofen auf 200° vorheizen. Ein Backblech einfetten. Den Teig auf einer leicht bemehlten Arbeitsfläche kurz kneten, ca. 5 Min. ruhen lassen. Dann in Blechgröße ausrollen, auf das Blech legen und dabei einen kleinen Rand hochziehen. Den Teig je nach Rezept belegen und im Ofen (Mitte, Umluft 180°) goldbraun backen.

TIPP

Durch die Teigruhe vor dem Ausrollen nimmt man dem Teig die Spannung, sodass er sich beim Ausrollen nicht gleich wieder zusammenzieht.

Schnell

Dass köstlich und kinderleicht kein Widerspruch ist, beweisen die Rührkuchen in diesem Kapitel, an die sich jeder heranwagen kann – die Gelinggarantie ist bei diesen einfachen Rezepten inbegriffen! Und wenn dabei so etwas Leckeres wie der Marmeladen-Streusel-Kuchen herauskommt, wird es bestimmt nicht der letzte selbst gebackene Kuchen sein!

Marmeladen-Streusel-Kuchen

Für den Rührteig:
250 g weiche Butter
225 g Zucker | 1 Prise Salz
4 zimmerwarme Eier (Größe M)
275 g Mehl | 2 TL Backpulver
2 TL abgeriebene Schale von 1 Bio-Zitrone
Butter für das Backblech
Für den Belag:
200 g Butter | 250 g Mehl
150 g gehackte Mandeln
150 g Zucker
600 g Himbeer- oder Kirschkonfitüre
(oder die eigene Lieblingssorte)

Für 1 Backblech (20 Stücke)
35 Min. Zubereitung | 30 Min. Backen
Pro Stück ca. 470 kcal, 6 g EW, 25 g F, 56 g KH

1 Den Backofen auf 200° vorheizen. Ein Backblech einfetten. Butter und Zucker mit den Quirlen des Handrührgeräts in ca. 5 Min. cremig schlagen. Salz und jeweils ein Ei nach dem anderen in ca. 1 Min. unter die Buttermasse rühren.

2 Mehl und Backpulver mischen und mit der Zitronenschale unterrühren. Den Teig auf dem Blech mit dem Teigschaber gleichmäßig verstreichen.

3 Für die Streusel die Butter in einem Topf schmelzen lassen. Die flüssige Butter mit Mehl, Mandeln und Zucker in einer Schüssel mischen und mit den Händen zu Streuseln verarbeiten.

4 Den Teig mit Konfitüre bestreichen und mit den Streuseln bedecken. Im Ofen (Mitte, Umluft 180°) in ca. 30 Min. goldbraun backen.

von Kindern heiß geliebt

Zitronenkuchen

Blitzschnell kommt Sonne auf Ihren Kaffeetisch: Zitrusfrisch und locker leicht gelingt dieser Kuchen im Handumdrehen.

3 Bio-Zitronen
350 g weiche Butter
350 g Zucker
6 zimmerwarme Eier (Größe M)
350 g Mehl
1 Pck. Backpulver
250 g Puderzucker
Butter für das Backblech

Für 1 tiefes Backblech (20 Stücke)
30 Min. Zubereitung | 20 Min. Backen
Pro Stück ca. 340 kcal, 4 g EW, 17 g F, 43 g KH

1 Den Backofen auf 180° vorheizen. Ein tiefes Backblech einfetten. Die Zitronen heiß waschen und abtrocknen, von allen Zitronen die Schale fein abreiben und 10 EL Saft auspressen. Butter und Zucker mit den Quirlen des Handrührgeräts in ca. 5 Min. cremig schlagen. Jeweils ein Ei nach dem anderen ca. 1 Min. unter die Buttermasse rühren.

2 Mehl und Backpulver mischen. Mit Zitronenschale und 6 EL Zitronensaft kurz unter die Buttermasse rühren. Den Teig auf das Blech geben und mit dem Teigschaber gleichmäßig verstreichen. Im Backofen (unten, Umluft 160°) 20–22 Min. backen, bis die Oberfläche leicht gebräunt ist. Herausnehmen und vollständig auskühlen lassen.

3 Für den Guss Puderzucker mit übrigem Zitronensaft glatt rühren. Den kalten Kuchen damit bestreichen und den Guss fest werden lassen.

DEKO-TIPPS

Ein Geburtstagskuchen darf bunt und üppig verziert sein. Mit bunter Zuckerschrift (Supermarkt) den Namen des Geburtstagskindes auf den Guss schreiben. Dann Minikerzen (mit Halterung) in den Kuchen stecken. Alternativen: In den noch feuchten Guss z. B. Smarties, Gummibärchen oder Lakritze setzen oder bunte Zuckerstreusel (gemischt oder nach Farben sortiert erhältlich) über den Zitronenkuchen streuen.

DEKO-TIPP – ZITRONENCHIPS

Dafür 200 g Zucker und 200 ml Wasser aufkochen und offen bei mittlerer Hitze in ca. 4 Min. zu einem Sirup einkochen lassen. 1 TL Ascorbinsäure (Vitamin-C-Pulver aus der Apotheke) unterrühren. 2 Bio-Zitronen heiß waschen, abtrocknen und in ca. 2 mm dünne Scheiben schneiden (am besten mit der Brotschneidemaschine). Die Scheiben in den Sirup tauchen, abtropfen lassen und auf einem mit Backpapier ausgelegten Blech im Ofen (Mitte) bei 100° (Umluft 80°) und geschlossener Backofentüre ca. 1 Std. trocknen lassen.

AUSTAUSCH-TIPP

Für einen Orangenkuchen die Zitronen durch 2 Bio-Orangen ersetzen. Nach Belieben zusätzlich 2–3 EL Orangenlikör unter den Teig rühren und für den Guss 2 EL Orangensaft durch Orangenlikör ersetzen.

knusprig-kernig

Müslikuchen

Hier gibt's was zu knabbern – dieser buttrige Kuchen kommt auch bei Müslimuffeln an! Wer möchte, ersetzt die Haferflocken durch sein Lieblingsmüsli.

Für den Rührteig:
250 g weiche Butter | 225 g Zucker | 5 zimmerwarme Eier (Größe M) | 250 g Mehl | 2 TL Backpulver | 2 TL abgeriebene Schale von 1 Bio-Zitrone | 1 Prise Salz | Butter für das Backblech
Für den Belag:
75 g kernige Haferflocken | 75 ml Milch | 25 g Sesamsamen | 50 g Sonnenblumenkerne | 50 g Kürbiskerne | 3 EL brauner Zucker | 50 g Butter

Für 1 Backblech (20 Stücke)
25 Min. Zubereitung | 20 Min. Backen
Pro Stück ca. 285 kcal, 5 g EW, 18 g F, 26 g KH

1 Den Backofen auf 200° vorheizen. Ein Backblech mit Butter einfetten. Für den Rührteig Butter und Zucker mit den Quirlen des Handrührgeräts in ca. 5 Min. cremig schlagen.

2 Jeweils ein Ei nach dem anderen ca. 1 Min. unter die Buttermasse rühren. Mehl, Backpulver, Zitronenschale und Salz mischen und kurz unterrühren. Haferflocken und Milch unter den Teig rühren.

3 Den Teig auf das Backblech geben und mit dem Teigschaber gleichmäßig verstreichen. Den Teig mit Sesamsamen, Sonnenblumenkernen, Kürbiskernen und braunem Zucker bestreuen. Die Butter in kleinen Flöckchen darauf verteilen. Den Kuchen im Backofen (Mitte, Umluft 180°) in 18–20 Min. goldbraun backen. Den Kuchen herausnehmen und vollständig auskühlen lassen.

NUSSIGE VARIANTE

Für einen Nussbelag Sesamsamen, Sonnenblumen- und Kürbiskerne durch 125 g kernige und grob gehackte Nussmischung ersetzen. Die Mischung mit Zucker sowie Butter auf dem Teig verteilen.

preiswert

Mandel-Krokant-Kuchen

1 Rührteigrezept (Seite 12)
Für den Belag: 125 g Zucker | 1–2 TL Zimtpulver | 200 g Mandelstifte | 125 g Butter

Für 1 Backblech (20 Stücke)
25 Min. Zubereitung | 25 Min. Backen
Pro Stück ca. 340 kcal, 5 g EW, 23 g F, 27 g KH

1 Den Backofen auf 200° vorheizen. Ein Backblech einfetten. Den Rührteig wie auf Seite 12 zubereiten. Den Teig auf das Backblech geben und mit dem Teigschaber gleichmäßig verstreichen.

2 Zucker und Zimtpulver mischen. Den Teig mit dem Zimtzucker und den Mandelstiften bestreuen. Die Butter in kleinen Flöckchen darauf verteilen.

3 Den Kuchen im Backofen (Mitte, Umluft 180°) in ca. 25 Min. goldbraun backen. Den Kuchen herausnehmen und vollständig auskühlen lassen.

saftig | hält lange frisch

Früchtekuchen

100 g getrocknete Feigen | 100 g getrocknete Aprikosen | 100 g getrocknete Sauerkirschen | 100 g Rosinen | 150 ml Orangensaft | 1 Rührteigrezept (Seite 12)

Für 1 Backblech (20 Stücke)
25 Min. Zubereitung | 25 Min. Backen
Pro Stück ca. 260 kcal, 4 g EW, 13 g F, 32 g KH

1 Feigen und Aprikosen klein würfeln. Mit Sauerkirschen, Rosinen und Orangensaft in einem Topf einmal aufkochen. Den Topf vom Herd nehmen und die Früchte ca. 10 Min. ziehen lassen. Den Backofen auf 200° vorheizen. Ein Backblech einfetten.

2 Den Rührteig wie auf Seite 12 zubereiten. Die Früchtemischung unter den Teig rühren. Den Teig auf das Blech geben und mit dem Teigschaber gleichmäßig verstreichen. Im Ofen (Mitte, Umluft 180°) in 20–25 Min. goldbraun backen. Herausnehmen und vollständig auskühlen lassen.

ganz einfach | gelingt leicht

Kokos-Limetten-Kuchen

Kokos und Limette sorgen für karibisches Feeling. Verwenden Sie für diesen Kuchen unbedingt Bio-Limetten – nur diese haben keine Pestizidrückstände.

Für den Rührteig:
2 Bio-Limetten
250 g weiche Butter
250 g Rohrohrzucker
5 zimmerwarme Eier (Größe M)
250 g Mehl | 3 TL Backpulver
50 g Kokosraspel
Butter für das Backblech
Für den Belag:
150 g Sahne
50 g Butter
50 g Rohrohrzucker
50 g Kokosraspel

Für 1 tiefes Backblech (20 Stücke)
30 Min. Zubereitung | 25 Min. Backen
Pro Stück ca. 290 kcal, 4 g EW, 20 g F, 25 g KH

1 Den Backofen auf 180° (Umluft 160°) vorheizen. Ein tiefes Backblech einfetten. Für den Rührteig die Limetten heiß waschen und abtrocknen, die Schale fein abreiben und den Saft auspressen. Butter und Zucker mit den Quirlen des Handrührgeräts in ca. 5 Min. cremig schlagen. Jeweils ein Ei nach dem anderen ca. 1 Min. unter die Buttermasse schlagen.

2 Mehl und Backpulver mischen. Die Mischung mit Kokosraspel, Limettenschale und -saft kurz unter die Buttermasse rühren. Den Teig auf das Blech geben und mit dem Teigschaber gleichmäßig verstreichen. Im Ofen (Mitte) ca. 15 Min. vorbacken.

3 Sahne, Butter und Zucker in einen Topf geben, aufkochen und offen ca. 1 Min. kochen lassen. Den Topf beiseitestellen und die Kokosraspel unterrühren. Das Backblech aus dem Ofen nehmen. Die Kokosmasse auf den Teig streichen. Den Kuchen in weiteren 10 Min. goldbraun backen.

VARIANTE – LIMETTEN-MOUSSE-SCHNITTEN

Den Rührteig, wie im Rezept beschrieben, zubereiten und im vorgeheizten Ofen (Mitte) bei 180° (Umluft 160°) 20–25 Min. backen. Den Kuchen herausnehmen und auskühlen lassen. Für die Mousse 3 Blatt weiße Gelatine in kaltem Wasser einweichen. 3 Eigelb, 75 g Zucker und 1 Pck. Vanillezucker in einer Schüssel über dem heißen Wasserbad dick-schaumig schlagen, dann die Schüssel beiseitestellen. 4 EL Limettensaft und 1 TL abgeriebene Schale von 1 Bio-Limette erwärmen. Die Gelatine ausdrücken, in den Limettensaft geben, auflösen und unter den Eierschaum ziehen. Die Masse abkühlen lassen, dabei ab und zu umrühren. 250 g Quark (20 % Fett i. Tr.) unterrühren. 250 g Sahne steif schlagen und behutsam unterheben. Die Mousse auf die Teigplatte streichen und ca. 2 Std. in den Kühlschrank stellen. Für die Deko 100 g Kokosraspel in einer Pfanne ohne Fett rösten, dann abkühlen lassen und die Mousse damit bestreuen.

saftig | mit Olivenöl

Honig-Sesam-Kuchen

je 2 Bio-Orangen und Bio-Zitronen
125 g Butter | 250 g Weichweizengrieß
125 g gemahlene geschälte Mandeln
1 Pck. Backpulver
175 g Rohrohrzucker
4 zimmerwarme Eier (Größe M)
5 EL Olivenöl | 2 EL Sesamsamen
150 g Honig | 1 Stange Zimt
Butter und 2–3 EL Sesamsamen für das Backblech

Für 1 Backblech (36 Stücke)
30 Min. Zubereitung | 15 Min. Backen
12 Std. Ruhen
Pro Stück ca. 135 kcal, 2 g EW, 8 g F, 14 g KH

1 Orangen und Zitronen heiß waschen und abtrocknen, die Schale fein abreiben und den Saft auspressen (ca. 175 ml gemischter Zitrussaft). Die Butter schmelzen und etwas abkühlen lassen. Ofen auf 200° (Umluft 180°) vorheizen. Ein Backblech einfetten und mit Sesamsamen bestreuen.

2 Grieß, Mandeln, Backpulver und Zucker in eine Schüssel geben. Eier, Butter, Öl, Zitrusschalen und 6 EL Zitrussaft dazugeben und mit den Quirlen des Handrührgeräts unterrühren. Teig auf dem Blech verteilen und mit Sesamsamen bestreuen. Im Ofen (Mitte) in ca. 15 Min. goldbraun backen.

3 6 EL Wasser, übrigen Zitrussaft, Honig und Zimtstange in einem kleinen Topf aufkochen und ca. 5 Min. kochen lassen. Kuchen herausnehmen, mit einer Gabel mehrmals einstechen, mit Sirup beträufeln und ca. 12 Std. ziehen lassen.

mediterran | zitrusduftend

Olivenöl-Zitrus-Kuchen

3 zimmerwarme Eier (Größe M)
350 g Zucker
ca. 5 Bio-Orangen
3 Bio-Zitronen
300 ml Olivenöl
1 EL Orangenblütenwasser (nach Belieben, aus der Apotheke)
300 g Mehl | 2 TL Backpulver
75 g Korinthen
2 EL Puderzucker
Backpapier für das Backblech

Für 1 Backblech (20 Stücke)
30 Min. Zubereitung | 30 Min. Backen
Pro Stück ca. 290 kcal, 3 g EW, 16 g F, 33 g KH

1 Ofen auf 180° vorheizen. Blech mit Backpapier auslegen. Eier und Zucker mit den Quirlen des Handrührgeräts in ca. 5 Min. cremig schlagen. Orangen und Zitronen heiß waschen und abtrocknen, die Schale abreiben und den Saft getrennt auspressen (300 ml Orangen- und 100 ml Zitronensaft). Zitrusschale, 250 ml Orangensaft, 50 ml Zitronensaft, Öl und nach Belieben Orangenblütenwasser unter die Eier-Zucker-Masse rühren.

2 Mehl und Backpulver mischen. Mit den Korinthen kurz unter den Teig rühren. Teig auf dem Blech gleichmäßig verstreichen. Im Ofen (Mitte, Umluft 160°) ca. 25–30 Min. backen.

3 Übrigen Orangen- und Zitronensaft mit Puderzucker verrühren. Kuchen herausnehmen, mit einer Gabel mehrmals einstechen, mit der Mischung beträufeln und vollständig auskühlen lassen.

oben: Honig-Sesam-Kuchen | unten: Oliven-Zitrus-Kuchen

Fruchtig

Frische Früchte versinken in lockerem Rührteig, machen sich fein auf knusprigem Mürbeteig oder verbinden sich mit Hefeteig zu duftenden Köstlichkeiten. Ob Aprikosen, Kirschen oder Zwetschgen, die Früchte schmecken am allerbesten, wenn sie gerade Saison haben. Los geht's mit einem himmlischen Himbeer-Mandel-Kuchen, der blitzschnell fertig ist.

Himbeer-Mandel-Kuchen

150 g Butter
4 zimmerwarme Eier (Größe M)
225 g Zucker
1 Vanilleschote
250 g Mascarpone
250 g Mehl
3 TL Backpulver
200 g gemahlene geschälte Mandeln
1 TL abgeriebene Schale von 1 Bio-Zitrone
500 g Himbeeren (frisch oder tiefgekühlt)
50 g gehackte Mandeln
Butter und Mehl für das Backblech
Puderzucker zum Bestäuben

Für 1 Backblech (20 Stücke)
25 Min. Zubereitung | 25 Min. Backen
Pro Stück ca. 310 kcal, 6 g EW, 21 g F, 24 g KH

1 Den Backofen auf 180° vorheizen. Ein Backblech einfetten und mit Mehl bestreuen. Die Butter schmelzen lassen. Eier und 200 g Zucker in eine Schüssel geben. Vanilleschote längs aufschlitzen und das Mark dazukratzen. Alles mit den Quirlen des Handrührgeräts in ca. 5 Min. cremig schlagen.

2 Flüssige Butter und Mascarpone unterrühren. Mehl, Backpulver, gemahlene Mandeln und Zitronenschale mischen und unter die Masse rühren. Den Teig auf das Blech geben und mit dem Teigschaber gleichmäßig verstreichen.

3 Himbeeren verlesen, eventuell abbrausen, trocken tupfen und auf dem Teig verteilen (TK-Beeren unaufgetaut verwenden). Mit restlichem Zucker und gehackten Mandeln bestreuen. Im Ofen (Mitte, Umluft 160°) in ca. 25 Min. goldbraun backen. Den Kuchen mit Puderzucker bestäuben.

sommerlich

Aprikosen-Quark-Kuchen

Der perfekte Kuchen für ein gemütliches Kaffeekränzchen mit Familie oder Freunden im Freien. Servieren und genießen Sie ihn am besten ganz frisch!

Für den Hefeteig:
300 g Mehl
125 ml Milch
½ Würfel Hefe (ca. 20 g)
40 g Zucker
40 g weiche Butter
1 Ei (Größe M)
1 kräftige Prise Salz
Butter für das Backblech
Mehl zum Arbeiten
Für den Belag:
800 g Magerquark
4 Eier (Größe M)
200 g Zucker
2 TL abgeriebene Schale von 1 Bio-Zitrone
60 g Speisestärke
ca. 1,5 kg Aprikosen
100 g Aprikosenkonfitüre

Für 1 tiefes Backblech (20 Stücke)
40 Min. Zubereitung | 1 Std. Ruhen
30 Min. Backen
Pro Stück ca. 210 kcal, 10 g EW, 4 g F, 34 g KH

1 Für den Hefeteig das Mehl in eine Schüssel geben, in die Mitte eine Mulde drücken. Die Milch lauwarm erwärmen. Die Hefe in die Mulde bröckeln, mit der lauwarmen Milch, 1 TL Zucker und etwas Mehl vom Rand verrühren. Den Vorteig abdecken und an einem warmen Ort ca. 15 Min. gehen lassen.

2 Restlichen Zucker, Butter in Flöckchen, Ei und Salz zum Vorteig geben und zuerst mit den Knethaken des Handrührgeräts, dann mit den Händen zu einem glatten Teig verkneten. Den Teig abgedeckt an einem warmen Ort in ca. 45 Min. bis zur doppelten Größe gehen lassen.

3 Den Quark mit Eiern, Zucker, Zitronenschale und Stärke glatt rühren. Die Aprikosen waschen, trocken tupfen, halbieren und entsteinen. Den Backofen auf 180° vorheizen. Ein Backblech einfetten.

4 Den Teig auf einer leicht bemehlten Arbeitsfläche kurz kneten, ca. 5 Min. ruhen lassen. Dann in Blechgröße ausrollen, auf das Blech legen und dabei einen kleinen Rand hochziehen. Die Quarkmasse auf den Teig geben und mit dem Teigschaber gleichmäßig verstreichen. Aprikosenhälften mit der Wölbung nach oben auf der Quarkmasse verteilen. Im Ofen (Mitte, Umluft 160°) in 25–30 Min. goldbraun backen. Herausnehmen, die Konfitüre glatt rühren und den Kuchen damit bestreichen. Den Kuchen vollständig auskühlen lassen.

SPEED-TIPP

Mit einem Quark-Öl-Teig ist der Kuchen schneller gemacht. Dafür 150 g abgetropften Magerquark, 6 EL Milch, 6 EL neutrales Öl, 75 g Zucker, 1 kräftige Prise Salz, 300 g Mehl und 1 Pck. Backpulver mit den Knethaken des Handrührgeräts zu einem glatten Teig verkneten. Ausrollen und anschließend wie im Rezept beschrieben belegen und backen.

schnell | saftig

Orangenkuchen

3 Bio-Orangen
300 g weiche Butter
300 g Zucker
1 Prise Salz
5 zimmerwarme Eier (Größe M)
300 g Mehl
3 TL Backpulver
100 g Orangenmarmelade
Butter für das Backblech

Für 1 Backblech (20 Stücke)
30 Min. Zubereitung | 30 Min. Backen
Pro Stück ca. 265 kcal, 3 g EW, 15 g F, 30 g KH

1 Die Orangen heiß waschen und abtrocknen, von allen Orangen die Schale fein abreiben und von 1 Orange den Saft auspressen. Von 2 Orangen die weiße Haut abschälen und das Fruchtfleisch in ca. 1 cm dicke Scheiben schneiden. Den Backofen auf 180° vorheizen. Ein Backblech einfetten.

2 Butter, Zucker und Salz mit den Quirlen des Handrührgeräts in ca. 5 Min. cremig schlagen. Jeweils ein Ei nach dem anderen ca. 1 Min. unter die Buttermasse rühren.

3 Mehl und Backpulver mischen. Mit Orangenschale und -saft kurz unterrühren. Den Teig auf das Blech geben, mit dem Teigschaber gleichmäßig verstreichen und mit Orangenscheiben belegen. Im Ofen (unten, Umluft 160°) ca. 30 Min. backen. Marmelade erwärmen, glatt rühren und den heißen Kuchen damit bestreichen.

schnell | vollwertig

Pfirsichschnitten

300 g weiche Butter
250 g Rohrohrzucker
4 zimmerwarme Eier (Größe M)
275 g zarte Haferflocken
2 TL abgeriebene Schale von 1 Bio-Zitrone
200 g Dinkel- oder Weizenvollkornmehl
2 TL Backpulver
1 kg Pfirsiche (oder 2 Dosen Pfirsiche à 470 g Abtropfgewicht)
50 g gehobelte Haselnüsse (oder gehackte Haselnüsse)
Butter für das Backblech

Für 1 Backblech (20 Stücke)
25 Min. Zubereitung | 35 Min. Backen
Pro Stück ca. 300 kcal, 5 g EW, 17 g F, 31 g KH

1 Den Backofen auf 200° vorheizen. Ein Backblech einfetten. Butter und 200 g Zucker mit den Quirlen des Handrührgeräts in ca. 5 Min. cremig schlagen. Jeweils ein Ei nach dem anderen ca. 1 Min. unter die Buttermasse rühren. 250 g Haferflocken und Zitronenschale dazugeben. Mehl und Backpulver mischen und alles kurz unterrühren.

2 Den Teig auf das Blech geben und mit dem Teigschaber gleichmäßig verstreichen. Pfirsiche waschen, trocken tupfen, entsteinen, in Spalten schneiden und auf dem Teig verteilen. Mit gehobelten Haselnüssen, restlichen Haferflocken und übrigem Zucker bestreuen. Im Ofen (Mitte, Umluft 160°) in ca. 35 Min. goldbraun backen. Herausnehmen und auskühlen lassen.

oben: Orangenkuchen | unten: Pfirsichschnitten

SAC

herbstlich | saftig

Zwetschgendatschi

Endlich ist wieder Herbst und damit ein perfekter Zeitpunkt, einen saftigen Zwetschgenkuchen zu backen! Am besten mit den späten und süßen Sorten.

Für den Hefeteig: 375 g Mehl | 125 ml Milch | ½ Würfel Hefe (ca. 20 g) | 75 g Zucker | 60 g weiche Butter | 1 Ei (Größe M) | 1 kräftige Prise Salz | Butter für das Backblech | Mehl zum Arbeiten
Für den Belag: ca. 1,75 kg Zwetschgen | 50 g Zucker | 1 TL Zimtpulver | 50 g Butter

Für 1 tiefes Backblech (16 Stücke)
50 Min. Zubereitung | 1 Std. 10 Min. Ruhen
30 Min. Backen
Pro Stück ca. 230 kcal, 4 g EW, 7 g F, 36 g KH

1 Mehl in eine Schüssel geben, in die Mitte eine Mulde drücken. Milch erwärmen. Hefe in die Mulde bröckeln, mit der lauwarmen Milch, 1 TL Zucker und etwas Mehl vom Rand verrühren. Abdecken und an einem warmen Ort ca. 15 Min. ruhen lassen.

2 Übrigen Zucker, Butter in Flöckchen, Ei und Salz zum Vorteig geben und zuerst mit den Knethaken des Handrührgeräts, dann mit den Händen zu einem glatten Teig verkneten. Den Teig abgedeckt an einem warmen Ort in 30–45 Min. bis zur doppelten Größe gehen lassen.

3 Zwetschgen waschen, abtropfen lassen, halbieren und entsteinen. Ein tiefes Backblech einfetten. Den Teig auf einer bemehlten Arbeitsfläche kurz kneten, ca. 5 Min. ruhen lassen. Teig in Blechgröße ausrollen, auf das Blech legen, dabei einen kleinen Rand hochziehen und ca. 10 Min. gehen lassen.

4 Inzwischen den Backofen auf 200° vorheizen. Zwetschgen dachziegelartig auf den Teig legen. Zucker und Zimtpulver mischen und darüberstreuen. Butter in Flöckchen darauf verteilen. Im Ofen (unten, Umluft 160°) ca. 30 Min. backen.

beerenlecker

Heidelbeerkuchen

1 Hefeteigrezept (Seite 24)
Für den Belag: 1 kg Heidelbeeren | 300 g Mehl | 200 g weiche Butter | 100 g gehackte Mandeln | 200 g Zucker | ½ TL Zimtpulver

Für 1 tiefes Backblech (16 Stücke)
1 Std. Zubereitung | 1 Std. Ruhen
35 Min. Backen
Pro Stück ca. 410 kcal, 7 g EW, 19 g F, 52 g KH

1 Den Hefeteig, wie auf Seite 24 beschrieben, kneten und ruhen lassen. Inzwischen Heidelbeeren verlesen, waschen und trocken tupfen. Backofen auf 200° vorheizen. Ein tiefes Backblech einfetten.

2 Mehl, Butter, Mandeln, Zucker und Zimtpulver mit den Fingern zu Streuseln verarbeiten. Gegangenen Teig kurz kneten und ca. 5 Min. ruhen lassen, dann auf Blechgröße ausrollen und auf das Blech legen. Heidelbeeren und Streusel darauf verteilen. Im Ofen (unten, Umluft 180°) ca. 35 Min. backen.

sommerlich

Kirschkuchen

1 Hefeteigrezept (Seite 24)
Für den Belag: 750 g Schmand | 5 Eier (Größe M) | 125 g Zucker | 2 EL Zitronensaft | 750 g Kirschen

Für 1 tiefes Backblech (16 Stücke)
1 Std. Zubereitung | 1 Std. Ruhen
45 Min. Backen
Pro Stück ca. 340 kcal, 7 g EW, 18 g F, 37 g KH

1 Den Hefeteig, wie auf Seite 24 beschrieben, kneten und ruhen lassen. Inzwischen Schmand, Eier, Zucker und Zitronensaft verrühren. Kirschen waschen, trocken tupfen und entsteinen.

2 Den Backofen auf 180° vorheizen. Ein tiefes Backblech einfetten. Gegangenen Teig kurz kneten und ca. 5 Min. ruhen lassen, dann auf Blechgröße ausrollen und auf das Blech legen. Die Schmandmasse daraufgeben und gleichmäßig verstreichen. Die Kirschen darauf verteilen. Im Backofen (Mitte, Umluft 160°) in ca. 45 Min. goldbraun backen.

sommerlich | gästefein

Beeren-Cheesecake

Mit diesem Cheesecake vom tiefen Blech machen Sie jeden satt und zufrieden – denn die fluffig-sahnige Käsecreme schmeckt einfach himmlisch!

Für den Kekskrümelteig:
200 g Butter
350 g Vollkorn-Butterkekse
Backpapier für das Backblech
Für den Belag:
8 Eier (Größe M)
175 g Zucker | 1 Vanilleschote
500 g Mascarpone
1 kg Magerquark
2 TL abgeriebene Schale von 1 Bio-Zitrone
3 EL Zitronensaft
100 g Speisestärke
500 g gemischte Beeren (z. B. Rote Johannisbeeren, Brombeeren und Himbeeren)
150 g Rotes Johannisbeergelee

Für 1 tiefes Backblech (20 Stücke)
50 Min. Zubereitung | 45 Min. Backen
Pro Stück ca. 420 kcal, 13 g EW, 26 g F, 32 g KH

1 Ein tiefes Backblech mit Backpapier auslegen. Für den Kekskrümelteig die Butter in einem Topf schmelzen lassen. Die Kekse in einen Gefrierbeutel geben, mit dem Nudelholz fein zerkrümeln und mit der Butter verrühren. Den Teig auf dem Backpapier verteilen und als Boden fest andrücken. Den Backofen auf 160° vorheizen.

2 Für den Belag die Eier trennen. Die Eiweiße mit 100 g Zucker steif schlagen. Eigelbe und restlichen Zucker mit den Quirlen des Handrührgeräts cremig rühren. Vanilleschote längs aufschlitzen und das Mark dazukratzen, mit Mascarpone, Quark, Zitronenschale, Zitronensaft und Stärke unterrühren. Den Eischnee behutsam unterheben.

3 Die Hälfte der Creme auf den Kekskrümelteig geben und mit einem Teigschaber glatt streichen. Die Hälfte der Beeren darauf verteilen und die restliche Creme daraufstreichen. Mit den übrigen Beeren belegen. Im Backofen (Mitte, Umluft 140°) ca. 45 Min. backen. Den Kuchen herausnehmen und vollständig auskühlen lassen.

4 Das Gelee leicht erwärmen, glatt rühren und den Kuchen damit beträufeln.

TIPP – MIT TK-FRÜCHTEN

Außerhalb der Beerensaison können Sie den Kuchen mit einer TK-Beerenmischung zubereiten. Die Beeren unaufgetaut auf der Käsecreme verteilen.

TIPP – FÜR 1 SPRINGFORM

Wenn Sie zur Abwechslung mal einen kleineren Kuchen backen möchten, können Sie die Menge der Zutaten einfach halbieren. Die Menge reicht dann für eine Springform von 26 cm Durchmesser. Die Backzeit reduziert sich dann auf 30–35 Min.

italienisch inspiriert

Focaccia mit Feigen und Rosmarin

Wer sich unter Focaccia bisher nur herzhafte Hefefladen vorgestellt hat, lernt zur Abwechslung die »süße Schwester« mit Feigen und Rosmarin kennen.

Für den Hefeteig:
300 g Mehl
½ Würfel Hefe (ca. 20 g)
1 EL Zucker
½ TL Salz
3 EL Olivenöl
2 TL abgeriebene Schale von 1 Bio-Zitrone
Backpapier für das Backblech
Mehl zum Arbeiten
Für den Belag:
5–6 reife Feigen
2 EL frische Rosmarinnadeln
40 g Pinienkerne
2 EL Zitronensaft
2 EL flüssiger Honig
2 EL Olivenöl
1–2 EL Zucker zum Bestreuen

Für 1 Backblech (20 Stücke)
35 Min. Zubereitung | 1 Std. 15 Min. Ruhen
25 Min. Backen
Pro Stück ca. 115 kcal, 2 g EW, 4 g F, 18 g KH

1 Für den Teig das Mehl in eine Schüssel geben, in die Mitte eine Mulde drücken. Die Hefe in die Mulde bröckeln, mit 175 ml lauwarmem Wasser, 1 EL Zucker und etwas Mehl vom Rand verrühren. Den Vorteig abdecken und an einem warmen Ort ca. 15 Min. gehen lassen.

2 Salz, Öl und Zitronenschale zum Vorteig geben und zuerst mit den Knethaken des Handrührgeräts, dann mit den Händen zu einem glatten Teig verkneten. Abgedeckt an einem warmen Ort in ca. 40 Min. bis zur doppelten Größe gehen lassen.

3 Ein Backblech mit Backpapier auslegen. Den Teig auf einer bemehlten Arbeitsfläche kurz kneten und ca. 5 Min. ruhen lassen, dann in Blechgröße ausrollen, auf das Blech legen und abgedeckt weitere 10 Min. gehen lassen. Mit den Fingern kleine Vertiefungen in den Teig drücken. Die Feigen waschen, trocken tupfen und in Viertel schneiden. Die Viertel auf dem Teig verteilen. Mit Rosmarin und Pinienkernen bestreuen. Mit Zitronensaft, Honig und Olivenöl beträufeln.

4 Teig weitere 10 Min. gehen lassen. Inzwischen den Backofen auf 180° vorheizen. Im Ofen (unten, Umluft 160°) in 20–25 Min. goldbraun backen. Die Focaccia herausnehmen und mit Zucker bestreuen.

VARIANTE – MIT ÄPFELN UND INGWER

Für 1 Backblech 2 TL Ingwerpulver, 1 TL gemahlenen Koriander und 1 TL Zimtpulver unter das Mehl mischen. Den Teig, wie im Rezept beschrieben, kneten und ruhen lassen. Für den Belag 2 mittelgroße säuerliche Äpfel waschen, abtrocknen, entkernen, in dünne Ringe schneiden und auf dem Teig verteilen. Mit 2 EL Zitronensaft, 2 EL Ingwersirup (Fertigprodukt) und 2 EL Olivenöl beträufeln und wie im Rezept beschrieben backen. Herausnehmen und mit 2 EL braunem Zucker bestreuen.

1

2

3

4

5

frühlingshaft | gästefein

Erdbeer-Biskuit-Schnitten

Sobald Ende Mai die ersten einheimischen Erdbeeren auf den Markt kommen, ist es Zeit für diesen wunderbar aromatischen Kuchen.

Für den Biskuitteig:
50 g Butter
4 Eier (Größe M)
125 g Zucker
75 g Mehl
50 g Speisestärke
Backpapier für das Backblech
Zucker zum Bestreuen
Für den Belag:
5 Blatt weiße Gelatine
600 g Erdbeeren
75 g Zucker
2 EL Zitronensaft
500 g Sahne
ca. 20 Melisseblättchen zum Verzieren

Für 1 Backblech (12 Stücke)
1 Std. 10 Min. Zubereitung | 20 Min. Backen
30 Min. Kühlen
Pro Stück ca. 315 kcal, 5 g EW, 19 g F, 31 g KH

1 Ein Backblech mit Backpapier auslegen. Ofen auf 200° vorheizen. Butter schmelzen lassen und beiseitestellen. Eier trennen. Eigelbe, 4 EL heißes Wasser und 100 g Zucker in ca. 3 Min. hell-schaumig schlagen. Flüssige Butter unter ständigem Rühren dazugeben. Eiweiße mit übrigem Zucker steif schlagen und auf die Eigelbcreme geben. Mehl und Stärke mischen, daraufsieben und unterheben (Bild 1). Den Teig auf dem Blech verstreichen. Im Ofen (Mitte, Umluft 180°) ca. 20 Min. backen. Herausnehmen und auf ein mit Zucker bestreutes Küchentuch stürzen. Backpapier abziehen (Bild 2).

2 Gelatine in kaltem Wasser einweichen. Erdbeeren waschen, trocken tupfen und putzen. 12 Beeren beiseitestellen. Übrige Beeren zerkleinern und mit Zucker pürieren. Zitronensaft erwärmen, Gelatine tropfnass zugeben und auflösen. Erdbeerpüree zugeben, zügig unterrühren, ca. 15 Min. kalt stellen. Die Sahne steif schlagen. Sobald das Püree zu gelieren beginnt, 400 g Sahne unterheben (Bild 3).

3 Biskuit halbieren und eine Hälfte auf das Blech legen. Einen Backrahmen um die Hälfte stellen. Erdbeersahne auf der Biskuithälfte glatt streichen (Bild 4). Die zweite Hälfte darauflegen und leicht andrücken. Dann ca. 30 Min. kalt stellen.

4 Den oberen Biskuit mit der übrigen Sahne bestreichen. Die restlichen Beeren halbieren und darauflegen. Mit Melisseblättchen verzieren.

VARIANTE – SCHWARZWÄLDER KIRSCHSCHNITTEN

Den Biskuitteig zubereiten (dabei 2 gestrichene EL Kakaopulver mit Mehl und Stärke mischen), backen. 500 g Kirschen waschen, trocken tupfen und entsteinen. Mit 4 EL Kirschwasser beträufeln. 500 g Sahne, 2 Pck. Sahnefestiger und 2–3 EL Zucker steif schlagen. Das Backpapier abnehmen, Biskuit mit 4 EL Kirschwasser beträufeln und halbieren. Sahne auf eine Biskuithälfte streichen, Kirschen darauf verteilen. Zweite Hälfte darauflegen und mit 1 EL Kakaopulver bestäuben.

süß-säuerlich

Rhabarber-Baiser-Kuchen

Mitten im Frühling ein feiner Kuchen: schön süß der Teig, säuerlich fruchtig die Füllung. Kosten Sie die Rhabarbersaison solange wie möglich aus!

Für den Rührteig:
4 zimmerwarme Eier (Größe M)
200 g weiche Butter
300 g Zucker
175 g Mehl
3 TL Backpulver
1 Msp. gemahlene Vanille
2 TL abgeriebene Schale von 1 Bio-Zitrone
75 g Mandelblättchen
Backpapier für das Backblech
Für den Belag:
600 g Rhabarber
1 Pck. Vanille-Puddingpulver zum Kochen
300 ml Apfelsaft
80 g Zucker
250 g Sahne | 1 Pck. Sahnefestiger

Für 1 tiefes Backblech (12 Stücke)
45 Min. Zubereitung | 30 Min. Backen
30 Min. Kühlen | 3 Std. Ruhen
Pro Stück ca. 460 kcal, 6 g EW, 26 g F, 50 g KH

1 Backofen auf 160° vorheizen. Ein Backblech mit Backpapier auslegen. Für den Teig die Eier trennen. Butter und 150 g Zucker mit den Quirlen des Handrührgeräts in ca. 5 Min. cremig rühren. Die Eigelbe unterrühren. Mehl, Backpulver, Vanille und Zitronenschale mischen und kurz unterrühren. Den Teig auf das Blech geben und mit dem Teigschaber gleichmäßig verstreichen.

2 Für das Baiser die Eiweiße steif schlagen, dabei übrigen Zucker unter Rühren einrieseln, bis das Baiser dick und glänzend ist. Das Baiser auf den Teig streichen und mit Mandelblättchen bestreuen. Im Backofen (unten, Umluft 140°) ca. 30 Min. backen. Den Kuchen herausnehmen und in ca. 30 Min. auskühlen lassen.

3 Inzwischen für den Belag den Rhabarber putzen, waschen, schälen und in ca. 4 cm lange Stücke schneiden. Puddingpulver und 5 EL Apfelsaft verrühren. Übrigen Apfelsaft, 50 g Zucker und Rhabarber aufkochen und ca. 2 Min. kochen lassen. Angerührtes Puddingpulver einrühren und aufkochen lassen, den Topf vom Herd nehmen und das Kompott abkühlen lassen.

4 Sahne mit übrigem Zucker und Sahnefestiger steif schlagen. Die Sahne behutsam unter das kalte Rhabarberkompott heben. Die Teigplatte quer halbieren. Die Rhabarbercreme auf die untere Hälfte streichen. Die obere Hälfte darauflegen und den Kuchen 2–3 Std. ziehen lassen.

GUT ZU WISSEN

Heimischen Rhabarber gibt es von April bis Juni zu kaufen. Für den Vorrat können Sie Rhabarber auch einfrieren: Dafür die Stangen waschen, nach Belieben schälen, in kleine Stücke schneiden und portionsweise in Gefrierbeutel packen – am besten schon die Menge, die Sie für einen Kuchen brauchen.

herbstlich

Apfel-Streusel-Kuchen

Der wunderbar saftige Streuselkuchen schmeckt am besten mit einem großen Klecks Schlagsahne oder auch mit einer Kugel Vanilleeis.

Für den Belag:
1,25 kg säuerliche Äpfel (s. Tipp)
2 EL Zitronensaft
175 g Zucker
175 g weiche Butter
300 g Mehl
Für den Rührteig:
200 g weiche Butter
175 g Zucker
1 Pck. Vanillezucker
4 zimmerwarme Eier (Größe M)
150 g saure Sahne
2 TL abgeriebene Schale von 1 Bio-Zitrone
350 g Mehl
1 Pck. Backpulver
1 Prise Salz
Butter für das Backblech

Für 1 tiefes Backblech (20 Stücke)
50 Min. Zubereitung | 40 Min. Backen
Pro Stück ca. 390 kcal, 5 g EW, 20 g F, 46 g KH

1 Für den Belag die Äpfel schälen, vierteln, entkernen und die Viertel in Scheiben schneiden. Die Apfelscheiben mit 75 ml Wasser, Zitronensaft und 25 g Zucker in einem Topf aufkochen und bei kleiner Hitze in ca. 5 Min. weich kochen. Die Äpfel beiseitestellen und abkühlen lassen.

2 Butter in Flöckchen, Mehl und übrigen Zucker in einer Schüssel mischen und mit den Händen zu Streuseln verarbeiten. Den Backofen auf 200° vorheizen. Ein tiefes Backblech einfetten.

3 Für den Teig Butter, Zucker und Vanillezucker mit den Quirlen des Handrührgeräts in ca. 5 Min. cremig rühren. Jeweils ein Ei nach dem anderen ca. 1 Min. unter die Buttermasse rühren. Saure Sahne und Zitronenschale unterrühren. Mehl, Backpulver und Salz mischen und kurz untermengen. Den Teig auf das Backblech geben und mit dem Teigschaber gleichmäßig verstreichen.

4 Das Apfelkompott auf dem Teig verteilen und mit Streuseln bedecken. Im Ofen (Mitte, Umluft 180°) in ca. 40 Min. goldbraun backen. Den Kuchen herausnehmen und vollständig auskühlen lassen.

TIPP – APFELSORTEN

Säuerliche oder süß-säuerliche Äpfel sind am besten zum Backen geeignet. Dazu gehören der mürbe Boskop, der festfleischige Gravensteiner, der saftige Berlepsch oder der »Allrounder« Cox orange.

VOLLWERT-VARIANTE

Vollwertig wird der Kuchen, wenn Sie das helle Weizenmehl durch feines Weizen- oder Dinkelvollkornmehl ersetzen und eventuell 3–4 EL Milch zugeben. Statt weißen Zucker einfach Rohrohrzucker verwenden.

Schokoladig & nussig

Mit allerlei Nüssen und Schokolade in und auf dem Teig schmeckt fast jeder Kuchen gleich noch mal so gut. Aber Schokolade passt nicht nur zu Nüssen, auch kombiniert mit Beeren, Rotwein, Espresso oder Möhren schmeckt sie wunderbar! Die englischen Chocolate-Fudge-Schnitten sind dafür ein Paradebeispiel – und die haben's in sich!

Chocolate-Fudge-Schnitten

150 g Bitterschokolade (70 % Kakaoanteil)
100 g Vollmilchschokolade
275 g weiche Butter
275 g brauner Zucker
8 zimmerwarme Eier (Größe M)
3 EL Whiskey (nach Belieben)
100 g flüssiger Blütenhonig
200 g gemahlene Haselnüsse
200 g gehackte Haselnüsse
200 g Bitterkuvertüre
75 g Puderzucker
75 g Sahne
75 g Butter
Backpapier für das Backblech

Für 1 Backblech (24 Stücke)
45 Min. Zubereitung | 25 Min. Backen
Pro Stück ca. 420 kcal, 6 g EW, 32 g F, 28 g KH

1 Beide Schokoladensorten hacken und in einer Metallschüssel über dem heißen Wasserbad schmelzen, dann etwas abkühlen lassen. Ein Blech mit Backpapier auslegen. Ofen auf 180° vorheizen.

2 Butter und 200 g Zucker in ca. 5 Min. cremig schlagen. Eier trennen. Eigelbe unter die Buttermasse rühren. Flüssige Schokolade, nach Belieben Whiskey und Honig unterrühren. Eiweiße mit übrigem Zucker steif schlagen, mit gemahlenen und gehackten Nüssen unter die Schokoladencreme heben. Teig auf dem Backblech verstreichen. Im Ofen (unten, Umluft 160°) ca. 25 Min. backen. Herausnehmen und vollständig auskühlen lassen.

3 Die Kuvertüre klein hacken und in einer Metallschüssel über dem heißen Wasserbad schmelzen lassen. Puderzucker, Sahne und Butter dazugeben und alles glatt rühren. Die Glasur mit einem Messer gleichmäßig auf dem Kuchen verstreichen.

auch fein zum Dessert

Schoko-Himbeer-Tarte

Schokolade und Beeren sind ein feines Gespann. Anstelle der Himbeeren passen auch Brombeeren oder Heidelbeeren sehr gut auf diese Schokoladencreme.

Für den Mürbeteig:
300 g Mehl
75 g Puderzucker
1 Prise Salz
2 Eigelb (Größe M)
180 g kalte Butter
Backpapier für das Backblech
Mehl zum Arbeiten
ca. 500 g getrocknete Hülsenfrüchte zum Blindbacken
Für den Belag:
600 g Bitterschokolade (70 % Kakaoanteil)
150 g Butter
200 g Crème fraîche
500 g Himbeeren
ca. 1 EL Puderzucker oder Kakaopulver zum Bestäuben

Für 1 Backblech (24 Stücke)
50 Min. Zubereitung | 2 Std. 30 Min. Kühlen
25 Min. Backen
Pro Stück ca. 335 kcal, 4 g EW, 25 g F, 22 g KH

1 Für den Teig das Mehl auf eine Arbeitsfläche geben, in die Mitte eine Mulde drücken. Puderzucker und Salz auf das Mehl streuen. Eigelbe in die Mulde geben. Butter in Flöckchen auf dem Rand verteilen. Alle Zutaten vom Rand aus mit den Händen zügig zu einem geschmeidigen Teig verkneten. In Frischhaltefolie wickeln und ca. 30 Min. kalt stellen.

2 Den Backofen auf 200° vorheizen. Den Teig auf Backpapier in Blechgröße ausrollen und auf das Blech legen. Den Murbeteig mit einer Gabel mehrmals einstechen, mit Backpapier belegen und die Hülsenfrüchte darauf verteilen. Im Backofen (Mitte, Umluft 180°) ca. 15 Min. vorbacken. Backpapier und Hülsenfrüchte entfernen und den Teig in weiteren 8–10 Min. goldbraun backen. Herausnehmen und vollständig auskühlen lassen.

3 Für den Belag die Schokolade zerbröckeln und mit der Butter in einer Metallschüssel über dem heißen Wasserbad schmelzen lassen. Crème fraîche unterrühren. Die Himbeeren verlesen, eventuell abbrausen und trocken tupfen.

4 Eventuell die Ränder des Mürbeteigbodens rundum in Backrahmengröße gerade schneiden. Backrahmen (s. S. 4) um den Teigboden stellen. Die Schokoladencreme daraufgießen und mit dem Teigschaber gleichmäßig verstreichen. Himbeeren darauf verteilen. Kuchen ca. 2 Std. kalt stellen. Vor dem Servieren nach Belieben mit Puderzucker oder Kakaopulver bestäuben und in Stücke schneiden.

GUT ZU WISSEN

Verwenden Sie für Teige und Cremes Schokolade mit 70 % Kakaoanteil. Je höher der Kakaogehalt, desto dunkler, bitterer und nicht so süß ist die Schokolade.

gut vorzubereiten

Walnuss-Brownies

Saftige Brownies vom Blech begeistern Jung und Alt. Wetten, dass bei diesen schokoladigen Kuchenstückchen keiner widerstehen kann?

400 g Walnusskerne | 300 g Bitterschokolade (70 % Kakaoanteil) | 300 g Butter | 500 g brauner Zucker | 2 Prisen Salz | 6 zimmerwarme Eier (Größe M) | 300 g Mehl | Butter und Mehl für das Backblech

Für 1 Backblech (36 Stücke)
25 Min. Zubereitung | 30 Min. Backen
Pro Stück ca. 280 kcal, 4 g EW, 19 g F, 24 g KH

1 Die Walnusskerne grob hacken. Die Schokolade in eine Metallschüssel bröckeln und mit der Butter über dem heißen Wasserbad schmelzen lassen, dabei immer wieder umrühren. Die Schokoladen-Butter-Masse in eine Rührschüssel geben. Zucker und Salz unterrühren. Die Masse beiseitestellen und ca. 10 Min. abkühlen lassen.

2 Inzwischen den Backofen auf 180° vorheizen. Ein Backblech einfetten und mit Mehl bestäuben. Jeweils ein Ei nach dem anderen ca. 1 Min. unter die Schokomasse rühren. Mehl und die Hälfte der Walnüsse zugeben und kurz unter den Teig rühren.

3 Den Teig auf das Blech geben und mit dem Teigschaber gleichmäßig verstreichen. Die restlichen Walnüsse auf dem Teig verteilen. Im Ofen (Mitte, Umluft 160°) 25–30 Min. backen (s. Gut zu wissen). Herausnehmen, vollständig auskühlen lassen und in 5 x 6 cm große Stücke schneiden.

GUT ZU WISSEN

Die Brownies sollten sich nach dem Backen noch recht weich anfühlen – nur dann sind sie nach dem Auskühlen saftig. In Alufolie gewickelt und an einem kühlen Ort gelagert, bleiben Brownies mehrere Tage frisch.

raffiniert

Macadamia-Blondies

250 g weiße Schokolade | 200 g ungesalzene Macadamianusskerne | 450 g weiche Butter | 350 g Zucker | 2 Msp. gemahlene Vanille | 2 Prisen Salz | 6 zimmerwarme Eier (Größe M) | 450 g Mehl | 2 TL Backpulver | Butter und Mehl für das Backblech

Für 1 Backblech (36 Stücke)
25 Min. Zubereitung | 25 Min. Backen
Pro Stück ca. 270 kcal, 3 g EW, 18 g F, 24 g KH

1 Schokolade und Nüsse hacken. Ofen auf 180° vorheizen. Ein Blech einfetten und mit Mehl bestäuben. Butter, Zucker, Vanille und Salz in ca. 5 Min. cremig schlagen. Jeweils ein Ei nach dem anderen unterrühren. Mehl und Backpulver mischen und mit der Schokolade kurz unter den Teig rühren.

2 Den Teig auf dem Blech mit dem Teigschaber verstreichen und mit Nüssen bestreuen. Im Ofen (Mitte, Umluft 160°) ca. 25 Min. backen. Auskühlen lassen und in 5 x 6 cm große Stücke schneiden.

Schokolade satt!

Espresso-Brownies

500 g Bitterschokolade | 75 ml frisch gebrühter Espresso | 300 g Butter | 500 g brauner Zucker | 6 zimmerwarme Eier (Größe M) | 250 g Mehl | 2 Prisen Salz | 4 EL ganze Espressobohnen | Butter und Mehl für das Backblech

Für 1 Backblech (36 Stücke)
25 Min. Zubereitung | 25 Min. Backen
Pro Stück ca. 230 kcal, 3 g EW, 14 g F, 24 g KH

1 Schokolade hacken. Espresso, Butter und Zucker aufkochen und beiseitestellen. 400 g Schokolade unterrühren und schmelzen lassen. Dann ca. 10 Min. abkühlen lassen. Ofen auf 180° vorheizen. Ein Backblech einfetten und mit Mehl bestäuben.

2 Jeweils ein Ei nach dem anderen ca. 1 Min. unter die Schokomasse rühren. Mehl, Salz und übrige Schokolade unterrühren. Teig auf dem Blech verstreichen. Mit Espressobohnen bestreuen. Im Ofen (Mitte, Umluft 160°) ca. 25 Min. backen. Auskühlen lassen und in 5 x 6 cm große Stücke schneiden.

ganz einfach

Rotwein-Schoko-Kuchen

250 g weiche Butter
250 g Zucker
5 zimmerwarme Eier (Größe M)
300 g Mehl | 3 TL Backpulver
2 gehäufte EL Kakaopulver
1 TL Zimtpulver | 200 ml Rotwein
200 g Bitterschokolade (70 % Kakaoanteil)
Butter und Mehl für das Backblech

Für 1 Backblech (20 Stücke)
25 Min. Zubereitung | 40 Min. Backen
Pro Stück ca. 280 kcal, 4 g EW, 16 g F, 27 g KH

1 Butter und 200 g Zucker mit den Quirlen des Handrührgeräts in ca. 5 Min. cremig schlagen. Eier trennen. Jeweils ein Eigelb nach dem anderen ca. 1 Min. unter die Buttermasse rühren. Mehl, Back-, Kakao- und Zimtpulver mischen. Die Mischung portionsweise abwechselnd mit Wein unterrühren.

2 Den Backofen auf 180° vorheizen. Ein Backblech einfetten und mit Mehl bestäuben. Die Schokolade klein hacken und unter den Teig rühren. Eiweiße mit übrigem Zucker steif schlagen und behutsam unterheben. Den Teig auf das Backblech geben und mit dem Teigschaber gleichmäßig verstreichen. Im Ofen (Mitte, Umluft 160°) 35–40 Min. backen. Herausnehmen und vollständig auskühlen lassen.

DEKO-TIPP

300 g Bitterschokolade (70 % Kakaoanteil) mit 75 g Butter in einer Schüssel über dem Wasserbad schmelzen lassen. Mit 150 g Sahne verrühren. Die Glasur etwas abkühlen lassen und den Kuchen damit bestreichen.

schön saftig | gelingt leicht

Rübli-Schoko-Kuchen

300 g weiße Kuvertüre
500 g Möhren
8 zimmerwarme Eier (Größe M)
300 g Zucker | 200 g weiche Butter
2 TL Zimtpulver
300 g gemahlene Haselnüsse
50 g Semmelbrösel
150 g Mehl | 2 TL Backpulver
Butter und Semmelbrösel für das Backblech

Für 1 Backblech (20 Stücke)
40 Min. Zubereitung | 35 Min. Backen
Pro Stück ca. 395 kcal, 7 g EW, 26 g F, 31 g KH

1 150 g Kuvertüre hacken und in einer Metallschüssel über dem heißen Wasserbad schmelzen lassen. Möhren putzen, schälen und fein reiben. Backofen auf 180° vorheizen. Ein Backblech einfetten und mit Semmelbröseln ausstreuen.

2 Eier trennen. Eiweiße mit 100 g Zucker steif schlagen. Butter und übrigen Zucker mit den Quirlen des Handrührgeräts in ca. 5 Min. cremig schlagen. Eigelbe nach und nach unter die Buttermasse rühren. Kuvertüre, Zimtpulver und Möhren ebenfalls unterrühren. Nüsse, Semmelbrösel, Mehl und Backpulver mischen und kurz unter die Masse rühren. Eischnee behutsam unter den Teig heben.

3 Teig auf das Blech geben, mit dem Teigschaber gleichmäßig verstreichen. Im Ofen (Mitte, Umluft 160°) ca. 35 Min. backen. Kuchen herausnehmen und auskühlen lassen. Übrige Kuvertüre hacken, in einer Metallschüssel über dem heißen Wasserbad schmelzen lassen. Den Kuchen damit bestreichen.

hell: Rübli-Schoko-Kuchen | dunkel: Rotwein-Schoko-Kuchen

mediterran aromatisiert

Pinien-Marzipan-Tarte

1 Packung TK-Blätterteig (ca. 450 g)
400 g Marzipanrohmasse
200 g Sahne | 2 Eier (Größe M)
2 TL abgeriebene Schale von 1 Bio-Orange
150 g Pinienkerne
2 EL flüssiger Blütenhonig
1 EL Lavendelblüten (nach Belieben)
Mehl zum Arbeiten
Backpapier für das Backblech

Für 1 Backblech (20 Stücke)
25 Min. Zubereitung | 35 Min. Backen
Pro Stück ca. 280 kcal, 5 g EW, 19 g F, 23 g KH

1 Teigplatten nebeneinander auf eine Arbeitsfläche legen und auftauen lassen. Marzipanrohmasse in kleine Würfel schneiden. Mit Sahne und Eiern in einen Rührbecher geben, fein pürieren und mit Orangenschale verrühren.

2 Ofen auf 200° vorheizen. Teigplatten aufeinanderlegen und auf einer bemehlten Arbeitsfläche in Blechgröße ausrollen. Blech mit kaltem Wasser abspülen. Blätterteig darauflegen, dabei einen kleinen Rand hochziehen. Mit einer Gabel mehrmals einstechen. Teig mit Backpapier belegen, mit einem zweiten Backblech beschweren. Im Ofen (unten, Umluft 160°) ca. 15 Min. vorbacken. Backpapier und Blech entfernen, den Teig weitere 5 Min. backen.

3 Die Marzipancreme auf dem Teig verstreichen und mit Pinienkernen bestreuen. Die Tarte im Backofen (unten) in weiteren 15 Min. goldbraun backen. Honig und nach Belieben Lavendelbüten verrühren und die heiße Tarte damit beträufeln.

aus Sardinien | ganz einfach

Mandelschnitten

2 Bio-Zitronen
8 Eier (Größe M)
200 g Zucker
1 Pck. Vanillezucker
100 g Mehl
2 TL Backpulver
200 g gemahlene geschälte Mandeln
150 g Mandelstifte
200 g Puderzucker
Backpapier für das Backblech

Für 1 Backblech (20 Stücke)
30 Min. Zubereitung | 20 Min. Backen
Pro Stück ca. 235 kcal, 6 g EW, 12 g F, 25 g KH

1 Zitronen heiß waschen und abtrocknen, die Schale fein abreiben und Saft auspressen. Die Eier trennen. Eigelbe, 150 g Zucker und Vanillezucker mit den Quirlen des Handrührgeräts cremig schlagen. Mehl und Backpulver mischen, mit gemahlenen Mandeln, 3 EL Zitronensaft und -schale unter den Teig rühren. Den Backofen auf 180° vorheizen. Ein Backblech mit Backpapier auslegen.

2 Eiweiße und übrigen Zucker steif schlagen. Ein Viertel des Eischnees unter den Teig rühren, den übrigen Eischnee behutsam unterheben. Teig auf das Blech geben, gleichmäßig verstreichen und mit Mandelstiften bestreuen. Im Ofen (Mitte, Umluft 160°) in ca. 20 Min. goldbraun backen. Kuchen herausnehmen und vollständig auskühlen lassen.

3 Für den Guss Puderzucker und 3–4 EL Zitronensaft glatt rühren, tropfenweise auf dem Kuchen verteilen und fest werden lassen.

oben: Pinien-Marzipan-Tarte | unten: Mandelschnitten

herb-sahnig

Schoko-Mousse-Schnitten

Ein Traum von Kuchen und völlig ohne Stress gebacken. Sowohl die Schokosahne als auch der Teig lassen sich bereits am Tag zuvor vorbereiten.

Für die Schokosahne:
600 g Sahne
400 g Bitterschokolade (70 % Kakaoanteil)
Für den Teig:
200 g Bitterschokolade (70 % Kakaoanteil)
200 g Butter
8 zimmerwarme Eier (Größe M)
150 g Zucker
175 g Mehl
200 g gemahlene Mandeln
2 TL Kakaopulver
2 TL Backpulver
Backpapier für das Backblech
Außerdem:
125 ml frisch gebrühter, abgekühlter Espresso
4–5 EL Orangenlikör (nach Belieben)
1–2 EL Kakaopulver zum Bestäuben

Für 1 tiefes Backblech (24 Stücke)
40 Min. Zubereitung | ca. 4 Std. Kühlen
18 Min. Backen
Pro Stück ca. 400 kcal, 7 g EW, 32 g F, 22 g KH

1 Für die Schokosahne die Sahne in einem Topf erhitzen. Inzwischen die Schokolade zerbröckeln und in der Sahne bei kleiner Hitze unter Rühren schmelzen lassen. Die Schokosahne in eine große Rührschüssel gießen und abgedeckt mindestens 4 Std. oder über Nacht in den Kühlschrank stellen.

2 Für den Teig die Schokolade hacken und mit der Butter in einem Topf bei kleiner Hitze schmelzen lassen, dabei ab und zu umrühren. Dann vom Herd nehmen. Den Backofen auf 200° (Umluft 180°) vorheizen. Ein Backblech mit Backpapier auslegen.

3 Eier und Zucker mit den Quirlen des Handrührgeräts in ca. 5 Min. cremig schlagen. Mehl, Mandeln, Kakao- und Backpulver mischen. Mit der geschmolzenen Schokolade kurz unter die Ei-Zucker-Masse rühren (Bild 1). Den Teig auf das Blech geben und mit dem Teigschaber gleichmäßig verstreichen. Im Ofen (Mitte) 15–18 Min. backen. Kuchen herausnehmen, auf ein Gitter stürzen, Backpapier ablösen und wieder auf das Blech legen. Den Kuchen vollständig auskühlen lassen.

4 Den Kuchen mit Espresso beträufeln (Bild 2). Oder zum Beträufeln nach Belieben Espresso und Likör mischen. Die Schokosahne mit den Quirlen des Handrührgeräts cremig schlagen und zügig mit einer Palette oder einem breiten Messer auf dem Kuchen verstreichen. Mit Kakaopulver bestreuen.

FRUCHTIGE VARIANTE

2 Gläser Amarenakirschen (à ca. 225 g Inhalt) in einem Sieb abtropfen lassen. Die Amarenakirschen auf der Schokosahne verteilen.

GUT ZU WISSEN

Zum Schlagen immer frische Sahne verwenden. Haltbare Sahne (H-Sahne) wird nicht steif.

1

2

3

Klassisch

Wer denkt nicht gerne an Omas Bienenstich zurück oder hat den herrlichen Duft von Butterkuchen noch in der Nase, der immer samstags durchs Haus zog? In diesem Kapitel sind einige der beliebten und köstlichen Klassiker versammelt. Dazu zählt auch die saftige Linzer Torte, die alle Jahre wieder am liebsten in der Weihnachtszeit genascht wird.

Linzer Torte

400 g Mehl
400 g gemahlene Haselnüsse
400 g Zucker
4 EL Kakaopulver
2 TL Zimtpulver
½ TL gemahlene Gewürznelke
400 g kalte Butter
2 Eier (Größe M)
5 EL Kirschwasser (nach Belieben)
600 g Himbeerkonfitüre
1 Eigelb und 1 EL Milch zum Bestreichen
Backpapier für das Backblech
Mehl zum Arbeiten

Für 1 Backblech (24 Stücke)
1 Std. Zubereitung | 3 Std. Kühlen
35 Min. Backen
Pro Stück ca. 435 kcal, 5 g EW, 26 g F, 46 g KH

1 Mehl, Haselnüsse, Zucker, Kakao- und Zimtpulver sowie gemahlene Gewürznelke in eine große Schüssel geben. Die Butter in Flöckchen, Eier und nach Belieben Kirschwasser zugeben. Alles zuerst mit den Knethaken des Handrührgeräts zu groben Streuseln verkneten, dann mit den Händen zügig zu einem glatten Teig verkneten. In Frischhaltefolie wickeln und mindestens 3 Std. kalt stellen.

2 Den Backofen auf 200° vorheizen. Ein Backblech mit Backpapier auslegen. Drei Viertel des Teiges auf einer leicht bemehlten Arbeitsfläche mit einem Nudelholz in Blechgröße ausrollen und auf das Blech legen. Übrigen Teig ca. 5 mm dick ausrollen und in lange ca. 1,5 cm breite Streifen schneiden.

3 Konfitüre auf den Teig streichen. Die Teigstreifen gitterartig darauflegen. Eigelb und Milch verquirlen und das Teiggitter damit bestreichen. Im Ofen (Mitte, Umluft 180°) 30–35 Min. backen.

bei Groß und Klein beliebt

Mohn-Streusel-Kuchen

Eine saftige Mohnfüllung zwischen knusprigem Quark-Öl-Teig und buttrigen Streuseln – da bleibt von einem großen Blech Kuchen sicher nichts übrig.

Für die Mohnfüllung:
375 ml Milch
100 g Zucker
2 TL abgeriebene Schale von 1 Bio-Zitrone
½ TL Zimtpulver
25 g Butter
250 g gemahlener Mohn
50 g Speisestärke
1 Ei (Größe M)
Für die Streusel:
200 g weiche Butter
200 g Zucker
300 g Mehl | 1 Prise Salz
Für den Quark-Öl-Teig:
150 g Magerquark
6 EL Milch
6 EL neutrales Öl
75 g Zucker | 1 kräftige Prise Salz
300 g Mehl | 1 Pck. Backpulver
Butter für das Backblech

Für 1 tiefes Backblech (20 Stücke)
1 Std. Zubereitung | 45 Min. Backen
Pro Stück ca. 380 kcal, 8 g EW, 19 g F, 44 g KH

1 Für die Füllung 300 ml Milch, Zucker, Zitronenschale, Zimtpulver, Butter und Mohn in einem Topf aufkochen. Den Topf vom Herd nehmen und die Mohnmasse abgedeckt ca. 10 Min. quellen lassen.

2 Die restliche Milch mit der Stärke glatt rühren. Die Mohnmasse unter Rühren aufkochen. Die Stärke einruhren und einmal aufkochen lassen, dann den Topf vom Herd nehmen.

3 Das Ei unterrühren und die Mohnmasse mit Frischhaltefolie abdecken und abkühlen lassen.

4 Inzwischen für die Streusel Butter, Zucker, Mehl und Salz in eine Schüssel geben und mit den Fingern zu Streuseln verarbeiten. Die Streusel in den Kühlschrank stellen.

5 Ein tiefes Backblech einfetten. Den Backofen auf 200° vorheizen. Für den Quark-Öl-Teig Quark, Milch, Öl, Zucker, Salz und 150 g Mehl in eine Schüssel geben und verrühren. Übriges Mehl und Backpulver mischen und unterkneten.

6 Den Teig auf das Backblech geben und mit einem Nudelholz ausrollen, dabei einen kleinen Rand hochziehen. Die Mohnmasse daraufgeben und mit dem Teigschaber gleichmäßig verstreichen, die Streusel darauf verteilen.

7 Den Kuchen im Backofen (unten, Umluft 180°) in ca. 45 Min. goldbraun backen. Den Kuchen herausnehmen und vollständig auskühlen lassen.

AUSTAUSCH-TIPP

Hefeteig-Fans bereiten anstelle des Quark-Öl-Teiges den Hefeteig (Grundrezept) von Seite 7 zu.

frisch am besten

Butterkuchen

Er darf auf keiner norddeutschen Kaffeetafel fehlen! Wer ihn einmal ausprobiert hat, wird ihn sofort zu seinem Lieblings-Sonntagskuchen erklären.

Für den Hefeteig:
500 g Mehl
250 ml Milch
1 Würfel Hefe (42 g)
50 g Zucker
50 g weiche Butter
1 TL abgeriebene Schale von 1 Bio-Zitrone
1 kräftige Prise Salz
Mehl zum Arbeiten
Butter für das Backblech
Für den Belag:
250 g kalte Butter
200 g Mandelstifte
150 g Zucker
1 TL Zimtpulver

Für 1 tiefes Backblech (20 Stücke)
45 Min. Zubereitung | 1 Std. 15 Min. Ruhen
25 Min. Backen
Pro Stück ca. 310 kcal, 5 g EW, 19 g F, 29 g KH

1 Für den Hefeteig das Mehl in eine Schüssel geben, in die Mitte eine Mulde drücken. Die Milch lauwarm erwärmen. Die Hefe in die Mulde bröckeln, mit 6 EL lauwarmer Milch, 1 TL Zucker und etwas Mehl vom Rand verrühren. Den Vorteig abdecken und an einem warmen Ort ca. 15 Min. gehen lassen.

2 Übrige lauwarme Milch, restlichen Zucker, Butter in Flöckchen, Zitronenschale und Salz zum Vorteig geben. Alles zuerst mit den Knethaken des Handrührgeräts, dann mit den Händen zu einem glatten Teig verkneten. Den Teig mit einem Tuch abdecken und in weiteren 45 Min. an einem warmen Ort bis zur doppelten Größe gehen lassen.

3 Ein tiefes Backblech einfetten. Den Backofen auf 180° vorheizen. Den Teig auf einer bemehlten Arbeitfläche kurz kneten, ca. 5 Min. ruhen lassen.

4 Dann den Teig in Blechgröße ausrollen, auf das Blech legen und dabei einen kleinen Rand hochziehen. Abgedeckt weitere 10 Min. gehen lassen.

5 Mit zwei Fingern Dellen in die Teigoberfläche drücken. Für den Belag die Butter in kleine Stücke schneiden und in jede Delle ein Butterstückchen geben. Die Mandelstifte über den Teig streuen.

6 Zucker und Zimtpulver mischen und den Zimtzucker darüberstreuen. Den Kuchen im Backofen (Mitte, Umluft 160°) 20–25 Min. backen.

SAISONALE VARIANTEN

Je nach Jahreszeit noch ca. 500 g Obst auf dem Teig verteilen: im Frühling 500 g Rhabarber in kleinen Stücken, im Sommer Rote Johannisbeeren oder entsteinte Kirschen, im Herbst saftige Zwetschgen. Im Winter den Zimtzucker mit dem Inhalt von 2 Beuteln Yogitee vermischen. Oder 2 EL kandierten Ingwer klein hacken und 2 TL Schale von 1 Bio-Orange fein reiben. Beides unter den Hefeteig kneten.

1

2

3

4

5

Wiener Klassiker

Sacherschnitten

Bei diesem Klassiker auf neue Art kommt es auf die richtige Wahl der Kuvertüre an – perfekt ist eine mit 70 % Kakaoanteil, weil sie nicht so süß ist.

Für den Teig:
200 g Bitterkuvertüre (70 % Kakaoanteil)
200 g weiche Butter
150 g Puderzucker
1 Vanilleschote
8 Eier (Größe M)
150 g Zucker
200 g Mehl
1 EL Kakaopulver
Backpapier für das Backblech
Außerdem:
200 g Aprikosenkonfitüre
Für die Glasur:
200 g Zucker
150 g Bitterkuvertüre (70 % Kakaoanteil)

Für 1 tiefes Backblech (12 Stücke)
50 Min. Zubereitung | 20 Min. Backen
30 Min. Kühlen
Pro Stück ca. 600 kcal, 8 g EW, 28 g F, 78 g KH

1 Für den Teig die Kuvertüre klein hacken und in einer Metallschüssel über dem heißen Wasserbad schmelzen (Bild 1) und etwas abkühlen lassen. Ein tiefes Backblech mit Backpapier auslegen. Den Backofen auf 180°(Umluft 160°) vorheizen.

2 Butter und Puderzucker mit den Quirlen des Handrührgeräts in ca. 5 Min. cremig schlagen. Die Vanilleschote längs aufschlitzen, das Mark dazukratzen und unterrühren. Die Eier trennen. Jeweils ein Eigelb nach dem anderen ca. 1 Min. unter die Buttermasse rühren. Die lauwarme Schokolade unterrühren. Die Eiweiße in einer großen Schüssel steif schlagen, dabei den Zucker einrieseln lassen.

3 Die Hälfte von dem Eischnee unter die Schokocreme ziehen. Den übrigen Eischnee daraufgeben, Mehl und Kakaopulver darübersieben und alles behutsam untermischen (Bild 2). Den Teig auf das Backblech geben und mit dem Teigschaber gleichmäßig verstreichen. Im Backofen (unten) ca. 20 Min. backen. Den Kuchen herausnehmen und ca. 30 Min. abkühlen lassen.

4 Den Kuchen auf Backpapier stürzen (Bild 3) und halbieren. Die Aprikosenkonfitüre durch ein Sieb streichen oder erwärmen und eine Kuchenhälfte mit der Konfitüre bestreichen (Bild 4). Die zweite Hälfte darauflegen und leicht andrücken. Den Kuchen in 12 Stücke schneiden.

5 Für die Glasur Zucker und 125 ml Wasser aufkochen und offen ca. 4 Min. sprudelnd kochen lassen, den Topf vom Herd nehmen. Die Kuvertüre klein hacken, in einer Metallschüssel über dem heißen Wasserbad schmelzen lassen und unter Rühren in den Zuckersirup geben, bis beides verbunden und dickflüssig geworden ist. Jeweils 1–2 EL Glasur zügig auf ein Kuchenstück geben und an den Seiten herunterlaufen lassen. Die Glasur im Topf zwischendurch immer wieder umrühren.

Klassiker aus Dresden

Eierschecke

Für einen doppelten Genuss kommen bei diesem ostdeutschen Klassiker gleich zwei verschiedene Cremes auf den lockeren Hefeteig.

Für den Hefeteig:
500 g Mehl | 250 ml Milch
1 Würfel Hefe (42 g) | 75 g Zucker
75 g weiche Butter
1 Ei (Größe M) | 1 kräftige Prise Salz
Butter für das Backblech
Mehl zum Arbeiten
Für die Quarkcreme:
2 Eier (Größe M)
125 g Zucker | 500 g Magerquark
250 g Schmand
1 TL abgeriebene Schale von 1 Bio-Zitrone
Für die Butter-Ei-Creme:
175 g Butter | 150 g Zucker | 4 Eier (Größe M)
3 EL Mehl | 4 EL Mandelblättchen

Für 1 tiefes Backblech (20 Stücke)
55 Min. Zubereitung | 1 Std. Ruhen
30 Min. Backen
Pro Stück ca. 360 kcal, 10 g EW, 18 g F, 39 g KH

1 Für den Teig das Mehl in eine Schüssel geben, in die Mitte eine Mulde drücken. Die Milch lauwarm erwärmen. Hefe in die Mulde bröckeln, mit 6 EL lauwarmer Milch, 1 TL Zucker und etwas Mehl vom Rand verrühren. Den Vorteig abdecken und an einem warmen Ort ca. 15 Min. gehen lassen.

2 Restliche lauwarme Milch, übrigen Zucker, Butter in Flöckchen, Ei und Salz zum Vorteig geben und zuerst mit den Knethaken des Handrührgeräts, dann mit den Händen zu einem glatten Teig verkneten. Abgedeckt an einem warmen Ort in 30–45 Min. bis zur doppelten Größe gehen lassen.

3 Für die Quarkcreme Eier und Zucker schaumig schlagen, Quark, Schmand und Zitronenschale unterrühren. Für die Butter-Ei-Creme Butter und Zucker cremig schlagen, Eier und Mehl unterrühren.

4 Ein tiefes Backblech einfetten. Den Teig auf einer bemehlten Arbeitsfläche kurz kneten, ca. 5 Min. ruhen lassen. Dann in Blechgröße ausrollen, auf das Blech legen und dabei einen kleinen Rand hochziehen. Abgedeckt weitere 10 Min. gehen lassen. Den Backofen auf 180° vorheizen.

5 Teig mit Quarkcreme bestreichen. Die Butter-Ei-Creme daraufstreichen und mit Mandeln bestreuen. Im Ofen (Mitte, Umluft 160°) 25–30 Min. backen.

VARIANTE – KÄSEKUCHEN

Für die Käsemasse 4 Eier (Größe M) trennen. Die Eigelbe mit 1 kg Schichtkäse (20 % Fett), 200 g Sahne, 75 g Zucker, 2 TL abgeriebener Schale von 1 Bio-Zitrone, 2 EL Zitronensaft sowie 2 Pck. Vanille-Puddingpulver zum Kochen verrühren. Ofen auf 180° vorheizen. Ein tiefes Backblech mit Butter einfetten. Eiweiße mit 75 g Zucker steif schlagen und unter die Käsecreme heben. Hefeteig kurz kneten, ca. 5 Min. ruhen lassen. Dann in Blechgröße ausrollen, auf das Blech legen und dabei einen kleinen Rand hochziehen. Die Käsemasse daraufgeben und gleichmäßig verstreichen. Im Ofen (Mitte, Umluft 160°) 25–30 Min. backen.

Klassiker auf neue Art

Bienenstich

Dieser Kuchen kommt immer gut an – feine Vanillecreme zwischen einem Hefeteigboden und einer knusprigen Mandelkruste. Lassen Sie sich einfach verführen!

Für den Hefeteig:
500 g Mehl
225 ml Milch
1 Würfel Hefe (42 g)
50 g Zucker
75 g weiche Butter
2 Eier (Größe M)
Butter für das Backblech
Mehl zum Arbeiten
Für die Mandelkruste:
125 g Butter
150 g Zucker
200 g Mandelblättchen
Für die Creme:
4 Blatt weiße Gelatine
300 ml Milch | 50 g Speisestärke
1 Vanilleschote
200 g Sahne | 80 g Zucker
1 Ei (Größe M)

Für 1 tiefes Backblech (16 Stücke)
1 Std. 10 Min. Zubereitung | 1 Std. 10 Min. Ruhen | 1 Std. Kühlen | 20 Min. Backen
Pro Stück ca. 430 kcal, 9 g EW, 24 g F, 46 g KH

1 Für den Teig das Mehl in eine Schüssel geben, in die Mitte eine Mulde drücken. Die Milch lauwarm erwärmen. Hefe in die Mulde bröckeln, mit 6 EL lauwarmer Milch, 1 TL Zucker und etwas Mehl vom Rand verrühren. Den Vorteig abdecken und an einem warmen Ort ca. 15 Min. gehen lassen.

2 Übrige lauwarme Milch, restlichen Zucker, Butter und Eier zum Vorteig geben. Zuerst mit den Knethaken des Handrührgeräts, dann mit den Händen zu einem glatten Teig verkneten. Abgedeckt an einem warmen Ort ca. 45 Min. gehen lassen.

3 Inzwischen für die Mandelkruste die Butter schmelzen lassen. Mit Zucker und Mandeln mischen. Die Mandelmasse abkühlen lassen. Ein tiefes Backblech einfetten. Den Teig auf einer bemehlten Arbeitsfläche kurz kneten, ca. 5 Min. ruhen lassen. Dann den Teig auf das Blech geben und ausrollen (am besten mit einem kleinen Nudelholz). Den Teig abgedeckt ca. 10 Min. gehen lassen. Den Backofen auf 200° vorheizen. Die Mandelmasse gleichmäßig auf den Teig streichen. Im Ofen (Mitte, Umluft 180°) in ca. 20 Min. goldbraun backen. Herausnehmen und vollständig auskühlen lassen.

4 Für die Creme die Gelatine in kaltem Wasser einweichen. 100 ml Milch und Stärke glatt rühren. Vanilleschote längs aufschlitzen und das Mark herauskratzen. Mark und Schote mit übriger Milch, Sahne und Zucker aufkochen. Angerührte Stärke einrühren und unter Rühren einmal aufkochen lassen. Den Topf vom Herd nehmen, Vanilleschote entfernen. Gelatine ausdrücken und in der warmen Creme auflösen. Ei trennen. Eigelb unter die Creme rühren. Eiweiß steif schlagen und unterheben.

5 Den Kuchen vierteln, die Viertel quer halbieren, mit Creme bestreichen und die Mandeloberteile daraufsetzen. Kuchenviertel in Stücke schneiden.

Zum Gebrauch
Damit Sie Rezepte mit bestimmten Zutaten noch schneller finden können, stehen in diesem Register zusätzlich auch beliebte Zutaten wie **Honig** und **Mandeln** – ebenfalls alphabetisch geordnet und **hervorgehoben** – über den entsprechenden Rezepten.

A/B

C/E/F

G/H

K

L/M

QUALITÄTS G|U GARANTIE

DIE GU-QUALITÄTS-GARANTIE

Liebe Leserin, lieber Leser,
wir möchten Ihnen mit den Informationen und Anregungen in diesem Buch das Leben erleichtern und Sie inspirieren, Neues auszuprobieren. Alle Informationen werden von unseren Autoren gewissenhaft erstellt und von unseren Redakteuren sorgfältig ausgewählt und mehrfach geprüft. Deshalb bieten wir Ihnen eine 100 %ige Qualitätsgarantie. Sollten wir mit diesem Buch Ihre Erwartungen nicht erfüllen, lassen Sie es uns bitte wissen. Sie erhalten von uns kostenlos einen Ratgeber zum gleichen oder ähnlichen Thema. Wir freuen uns auf Ihre Rückmeldung, auf Lob, Kritik und Anregungen, damit wir für Sie immer besser werden können.

GRÄFE UND UNZER Verlag
Leserservice
Postfach 86 03 13
81630 München
E-Mail:
leserservice@graefe-und-unzer.de

Telefon: 0800 – 723 73 33*
Telefax: 0800 – 501 20 54*
Mo–Do: 8.00–18.00 Uhr
Fr: 8.00–16.00 Uhr
(gebührenfrei in Deutschland)*

Ihr GRÄFE UND UNZER Verlag
Der erste Ratgeberverlag – seit 1722.

Projektleitung: Monika Bachmeier
Lektorat: Maryna Zimdars
Korrektorat: Mischa Gallé
Layout, Typografie und Umschlaggestaltung: independent Medien-Design, Horst Moser, München
Satz: Liebl Satz+Grafik, Emmering
Herstellung: Anna Bäumner
Reproduktion: Repro Ludwig, Zell am See
Druck: Firmengruppe APPL, aprinta druck, Wemding
Bindung: Firmengruppe APPL, sellier druck, Freising

ISBN 978-3-8338-2524-8

2. Auflage 2013

Umwelthinweis
Dieses Buch ist auf PEFC-zertifiziertem Papier aus nachhaltiger Waldwirtschaft gedruckt.

www.facebook.com/gu.verlag

GRÄFE UND UNZER

Ein Unternehmen der
GANSKE VERLAGSGRUPPE

Die Autorin
Anne-Katrin Weber arbeitet als Buch- und Rezeptautorin, Produzentin und freie Foodstylistin in Hamburg. Die gelernte Köchin und studierte Ernährungswissenschaftlerin veröffentlichte bereits zahlreiche Backbücher bei GU, z. B. »Kleine Kuchen«, »Obstkuchen« und »Käsekuchen«. Mit dem Titel »Blechkuchen« ergänzt sie ihre Backbuchsammlung um einen Klassiker. Mehr über sie gibt es unter www.annekatrinweber.de.

Der Fotograf
Wolfgang Schardt kann seine Liebe für Essen und Trinken beruflich ausleben: In seinem Studio in Hamburg fotografiert er vor allem Food, Stills und Interieur für Magazine wie DER FEINSCHMECKER, für Verlage und Werbung. Die Kuchen für dieses Buch wurden von der Autorin selbst gebacken und in Szene gesetzt, die Fotoassistenz übernahm Janet Hesse.

Bildnachweis
Titelfoto: EISING STUDIO · Food Photo & Video/Martina Görlach; alle anderen: Wolfgang Schardt, Hamburg

Syndication:
www.jalag-syndication.de

Titelbildrezept
Heidelbeerkuchen (S. 25)

Die Temperaturangaben bei Gasherden variieren von Hersteller zu Hersteller. Welche Stufe Ihres Herdes der jeweils angegebenen Temperatur entspricht, entnehmen Sie bitte der Gebrauchsanweisung. Bei Elektroherden können die Backzeiten je nach Herd variieren.

So viel mehr lecker.

ISBN 978-3-8338-2390-9

ISBN 978-3-8338-2393-0

ISBN 978-3-8338-0913-2

Erhältlich im App Store

ISBN 978-3-8338-2523-1

ISBN 978-3-8338-1836-3

Mehr von GU auf **www.gu.de** und
facebook.com/gu.verlag

G|U

Willkommen im Leben.

Der letzte **Schliff**

Aromatisierte Cremes

Viele Kuchen schmecken mit einer luftigen Haube aus geschlagener Sahne noch mal so gut. Abwechslungsreicher wird's mit fein aromatisierter Sahne, Crème fraîche, Schmand oder Mascarpone.

Für eine zart-duftende **Vanillesahne** 1 Vanilleschote längs halbieren, das Mark mit einem Messer herauskratzen und mit 200 g Sahne in einen Rührbecher geben. Die Sahne mit den Quirlen des Handrührgeräts steif schlagen.

Für eine **Orangencreme** 2 EL Orangenlikör (z. B. Cointreau), 2–3 TL Zucker, 1 TL abgeriebene Schale von 1 Bio-Orange und 150 g Crème fraîche in einer Schüssel mit dem Schneebesen verrühren.

Für eine aromatische **Calvadoscreme** 2 EL Calvados (oder Apfelbrand), 2–3 TL Zucker und 200 g Mascarpone in eine Schüssel geben und mit dem Schneebesen cremig verrühren.

Für eine zitrusfrische **Kräutercreme** 200 g Schmand in einer Schüssel mit 2 EL fein gehackter Zitronenmelisse oder Zitronenverbene und 2–3 EL Limettensirup (Fertigprodukt aus dem Spirituosenregal im Supermarkt) mit dem Schneebesen verrühren.

Glänzende Schokoladenglasur

150 g grob gehackte Kuvertüre (weiße, Vollmilch oder Zartbitter – je nach Kuchen und Geschmack) in eine Metallschüssel geben. Die Kuvertüre über dem heißen Wasserbad schmelzen lassen, dabei ab und zu umrühren. Die Schüssel vom Wasserbad nehmen und 50 g klein gehackte Kuvertüre unterrühren. So hat die Kuvertüre die richtige Temperatur. Den ausgekühlten Kuchen mit der flüssigen Kuvertüre überziehen und die Kuvertüre fest werden lassen. Zum Servieren ein Messer kurz in warmes Wasser tauchen, abtrocknen und den Kuchen in Stücke schneiden. Mit dem angewärmten Messer gibt es keine Risse in der Schokoladenglasur.